子どもの気持ちを知る絵本①

わたしのココロは
わたしのもの

―不登校って言わないで―

＊主人公ミク（小学校高学年）が体験している世界や気持ちを知り、
　かかわりのヒントにしていただくための絵本です。

最近…
私、何かがおかしいの
みんな楽しそう
私だけみんなとちがうのかな
私の笑顔が
教室の空気のなかに
散っていく

みんな元気で
仲良く
意見がいえる
クラス

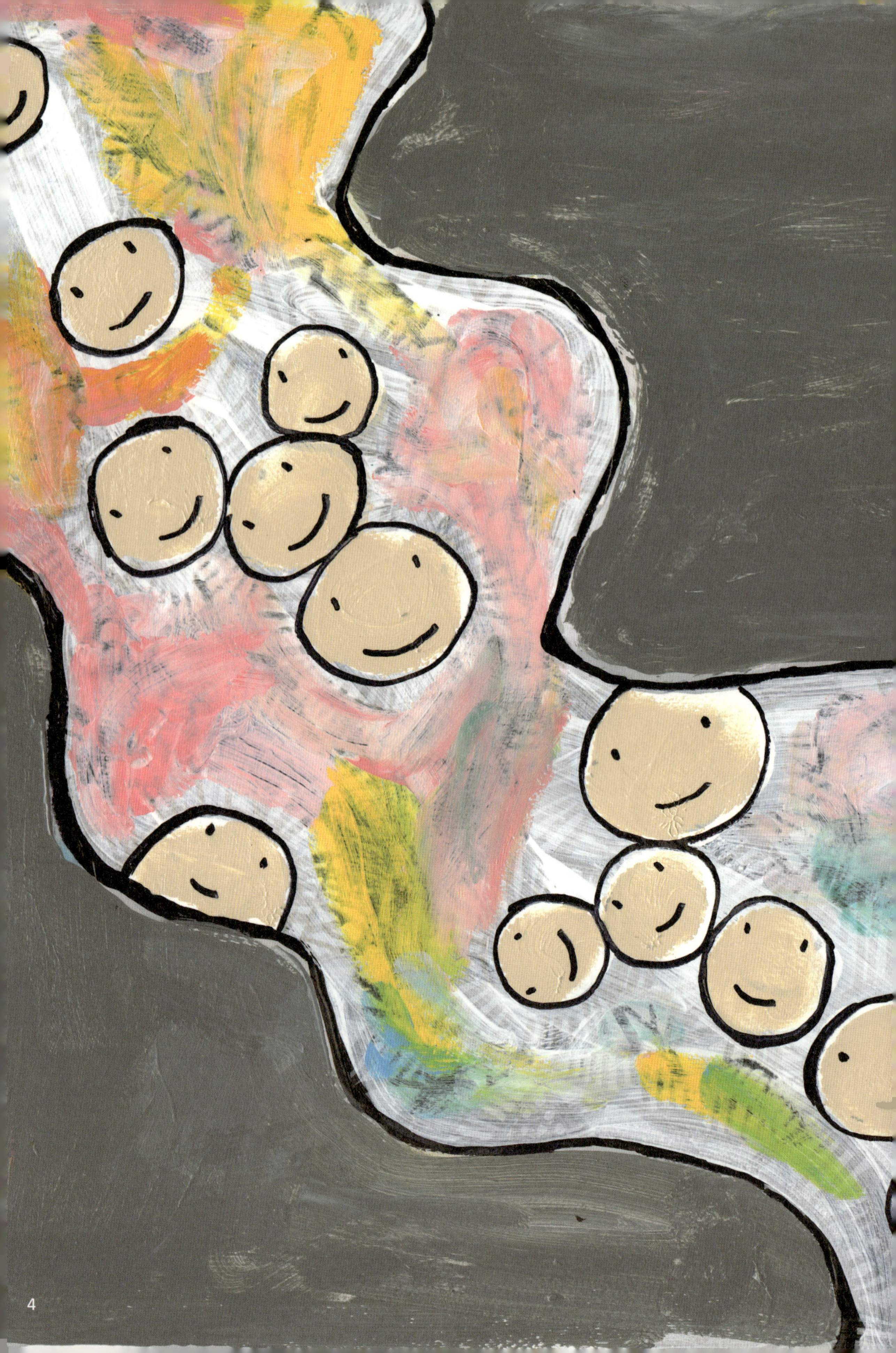

今日もみんな笑ってる
ほんとうに楽しいの？
笑わないと
おいていかれる……
息が苦しい
いつから空気が灰色に
なったのかな

私だけちがうのかな

ときどきこわくなるの

みんなと仲良くしてるのになぁ

私は透明人間みたいになっていく

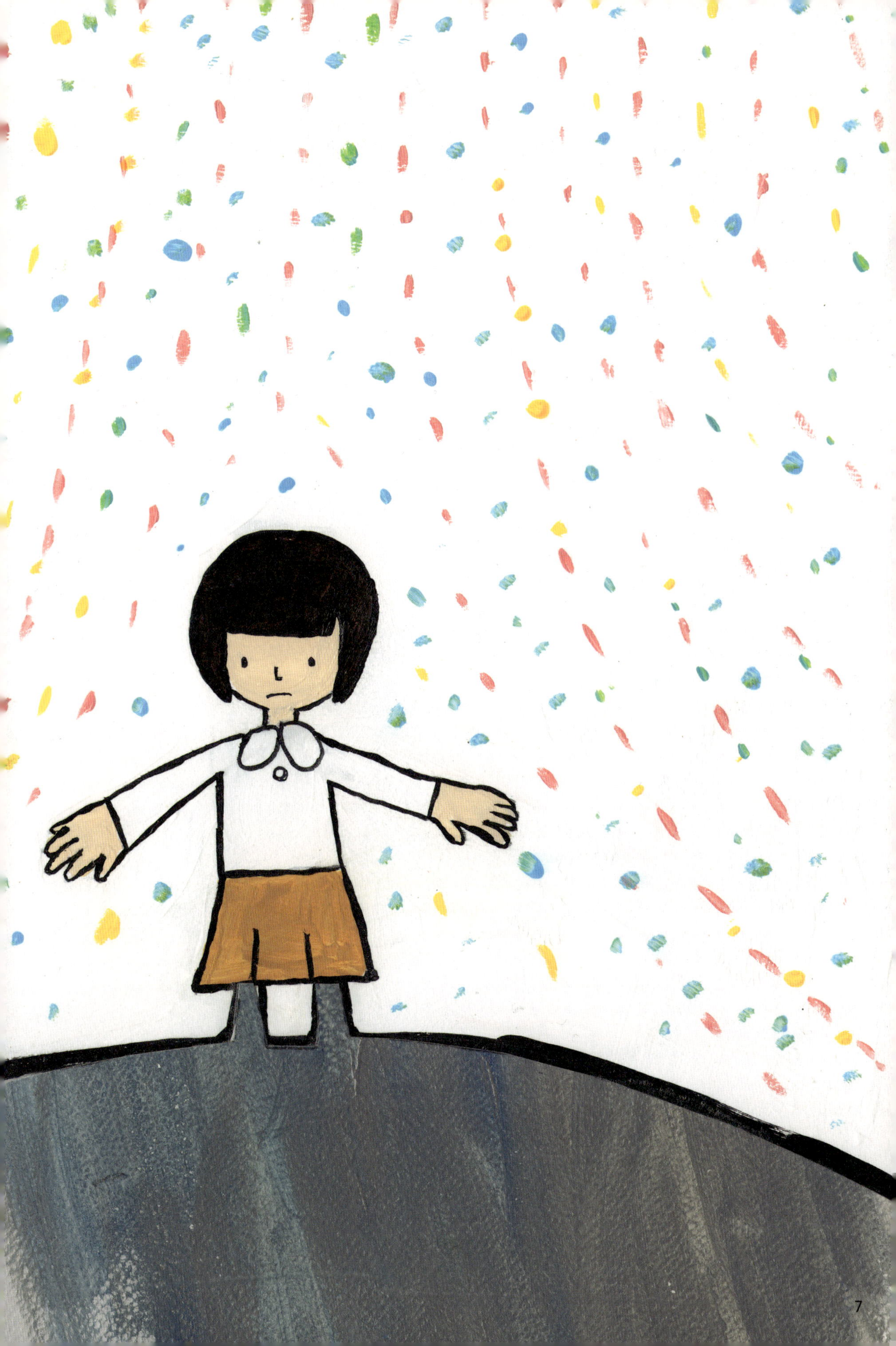

毎日家に帰ったら

ママは学校のことをきく

ママのなかでは私(わたし)はいい子

今日は何を話そうかな…

学校の話をきくママの顔は

今日もうれしそう

あぁよかった

でも

オヤツがノドにつっかえる

明日も学校

つぎの日も…

アイドルの話 マンガの話

新しい文房具(ぶんぼうぐ)の話

新しい洋服(ようふく)の話

「それ、かわいいね」って言うの

さっき

ひとり笑ってなかった

ヘンなこと言っちゃったのかな

どうしよう…

ある日の朝

どうしちゃったのかな

からだが重い

ママがしんぱいして部屋にきた

「熱はないみたいね」

熱があればよかったのに

「今日は学校を休む？」

私は小さくうなずいた

今日だけ休もう

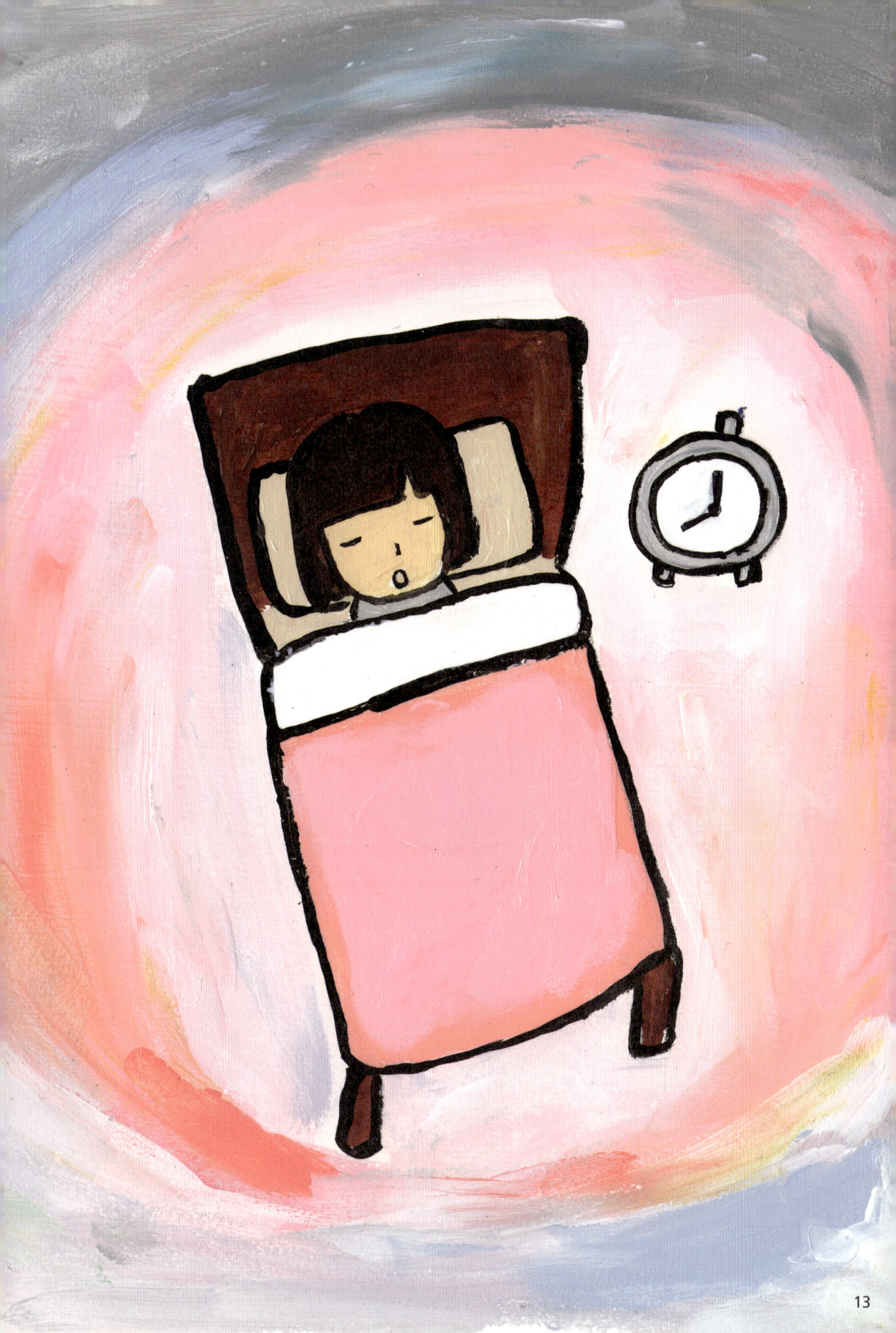

今ごろ、みんなは給食を食べてる時間

頭のなかが灰色になっていく

もうがんばれない

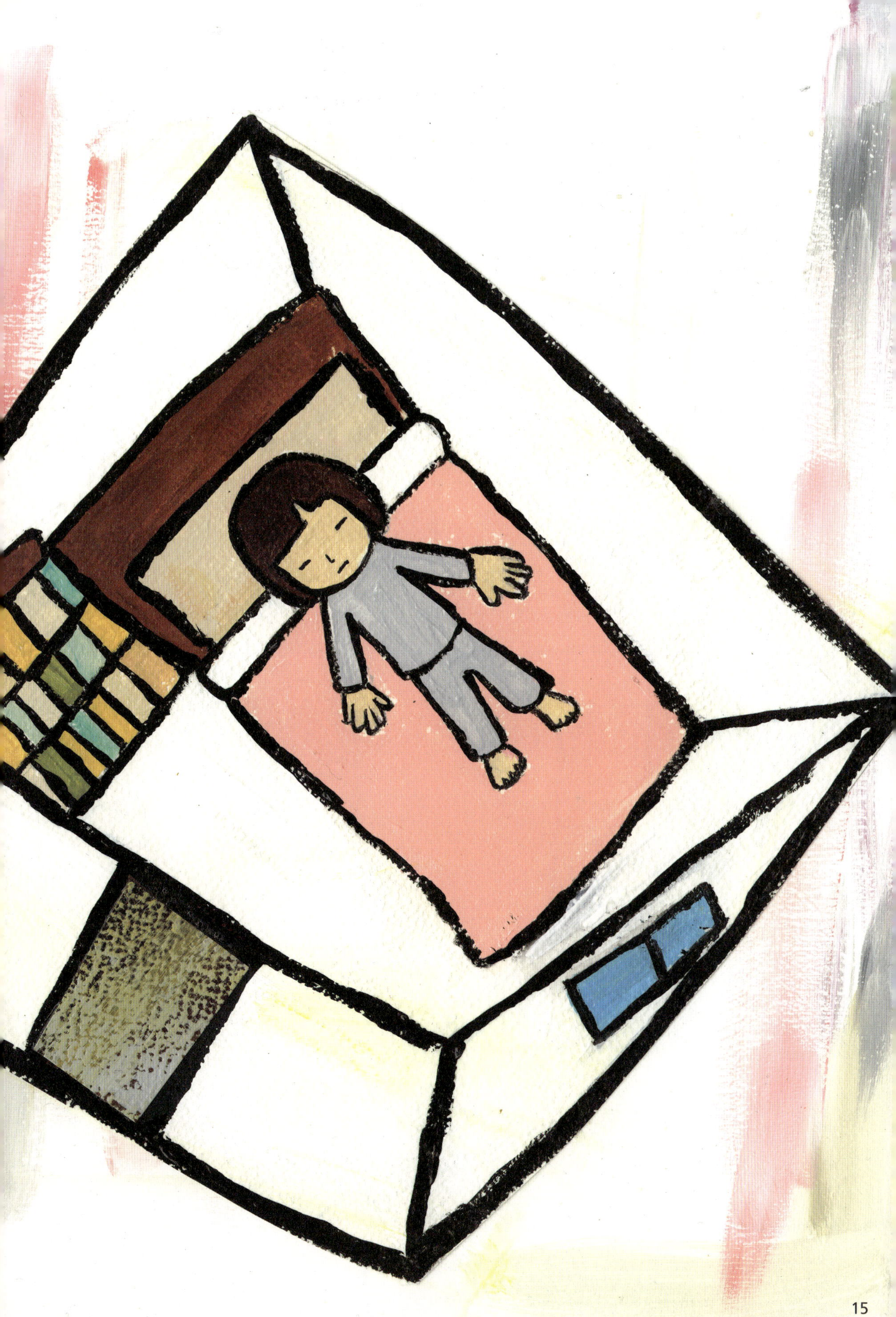

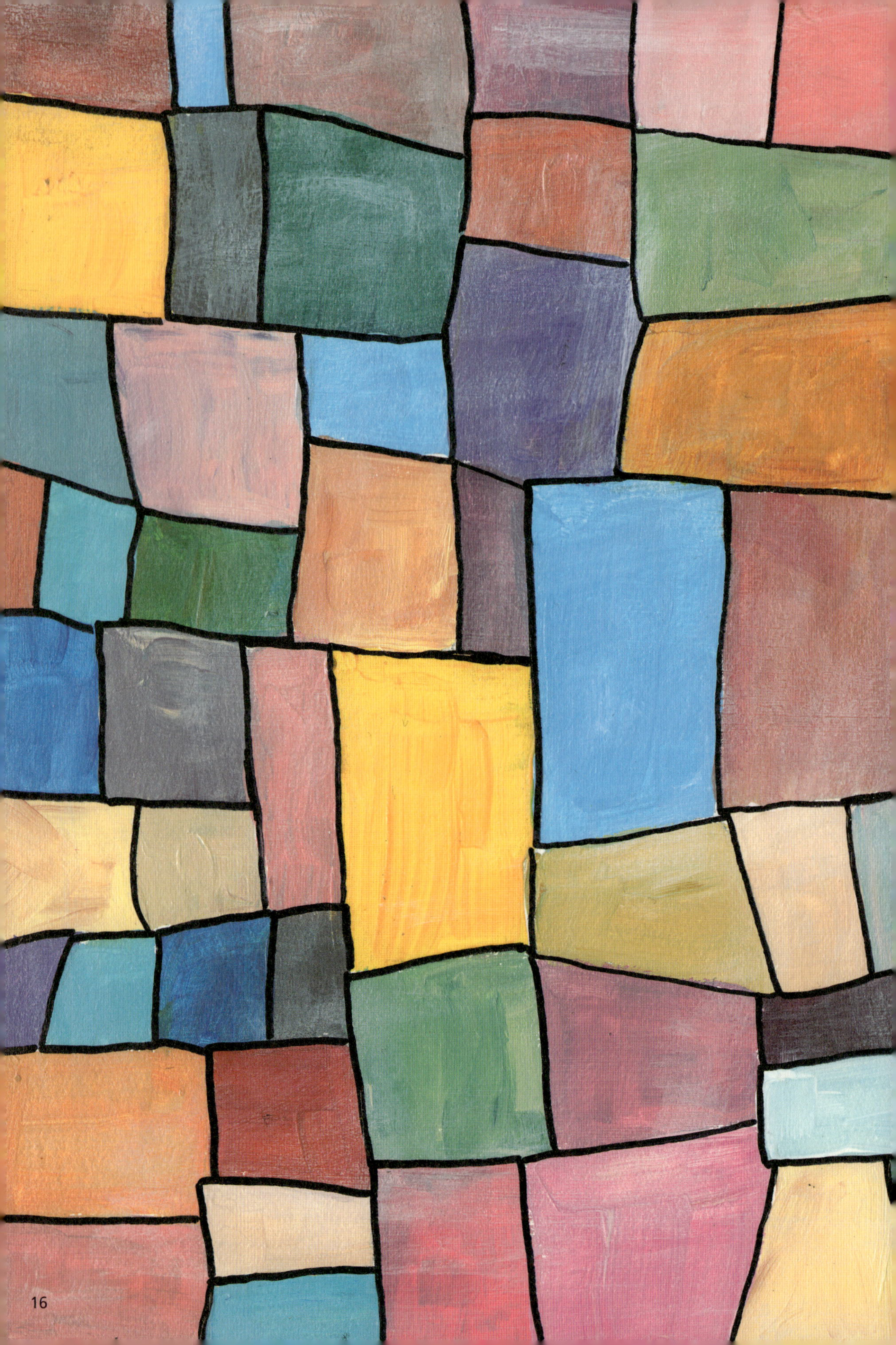

しんぱいそうなママの顔

私(わたし)はダメな子

ママをしんぱいさせてる

制服(せいふく)がこわい

カーテンを閉(し)めたら

空気がすこし静(しず)かになった

ココロをパタンと閉(と)じたら

頭のなかが静かになった

つぎの日もつぎの日も
外に出られない
どうしちゃったんだろう

先生から電話(でんわ)があったけれど
明日の約束(やくそく)がこわくて出られなかった
チャイムがなったけれど
こんなボサボサのかみの毛じゃ
出られなかった

プリントに
「明日、学校で待(ま)ってるね」って
書いてある
ドキッとして見るのをやめた

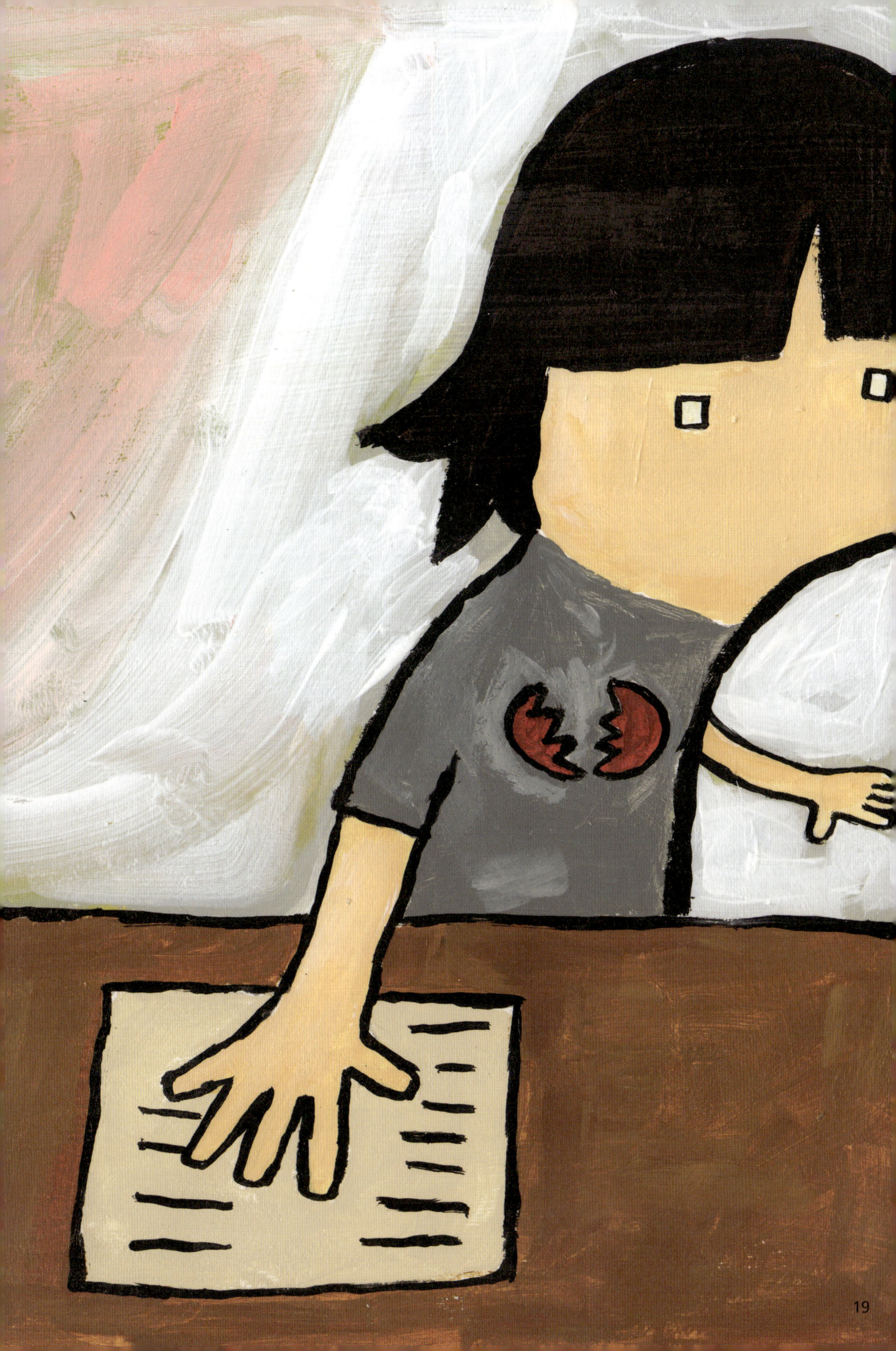

みんな私(わたし)のこと
何て言ってるかな…
こんなに休んだから
おかしいって言われてるかも……

どこか遠くに行きたい

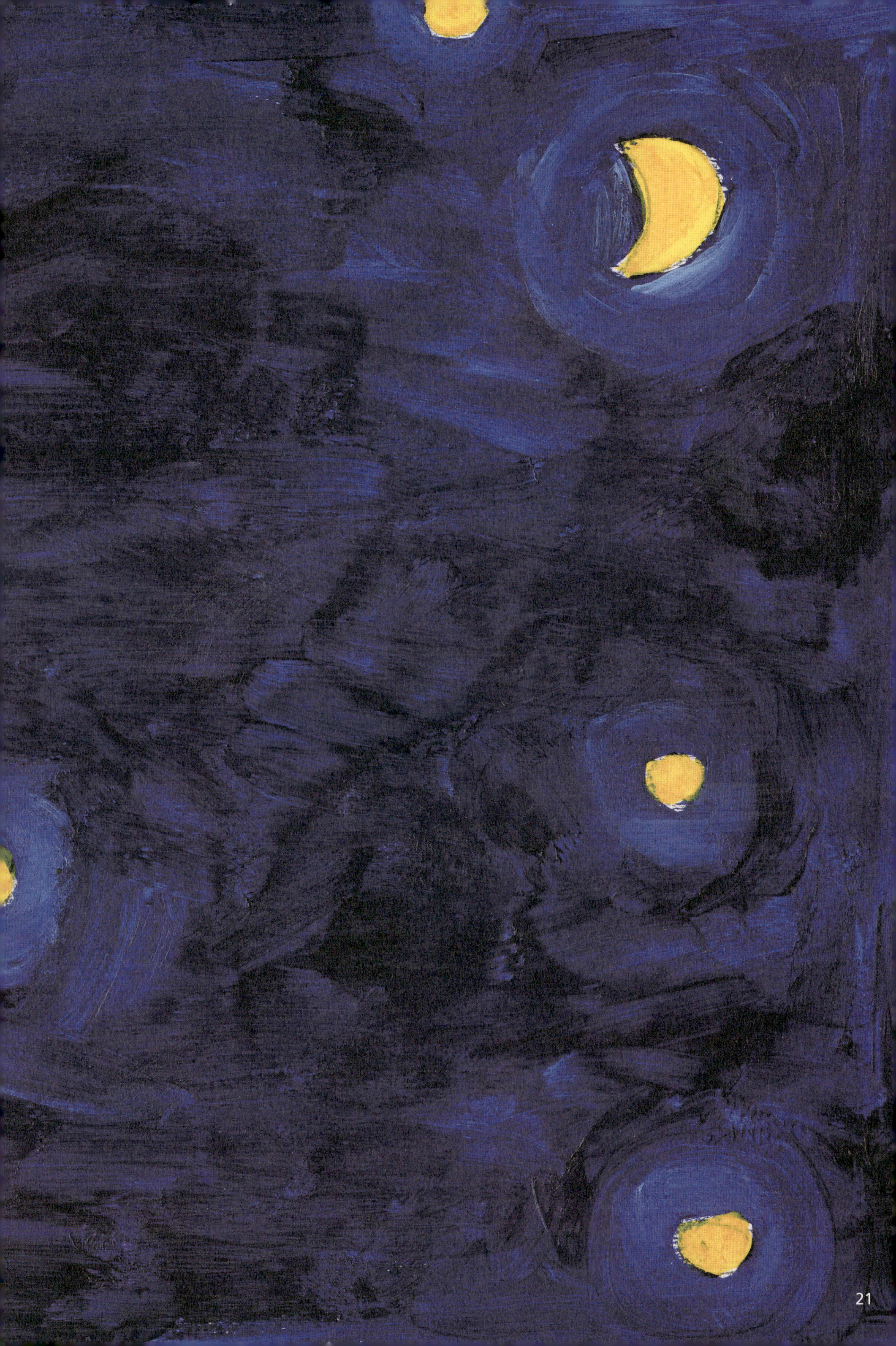

「本当に原因はわからないのか!?
病院へつれていこう」ってパパの声
病院… 私は病気じゃない
頭がカーッとなった

疲れたの
みんなと上手にやっていくのが
疲れただけなの
おねがいだからそっとしておいて

23

学校を休んでから
みんなが私(わたし)に気を使(つか)ってる
なぜだか
イライラする

立入禁止

入ったら
コロス!!

学校に行けない自分がキライ　大キライ

私(わたし)の足音(あしおと)をきいて

ママがごはんを持ってくる

見張(みは)られているみたい

友だちに私を学校に誘(さそ)うように言ってる

おねがいだからやめて

ココロがガシャンとなって

ゴミ箱(ばこ)をけとばした

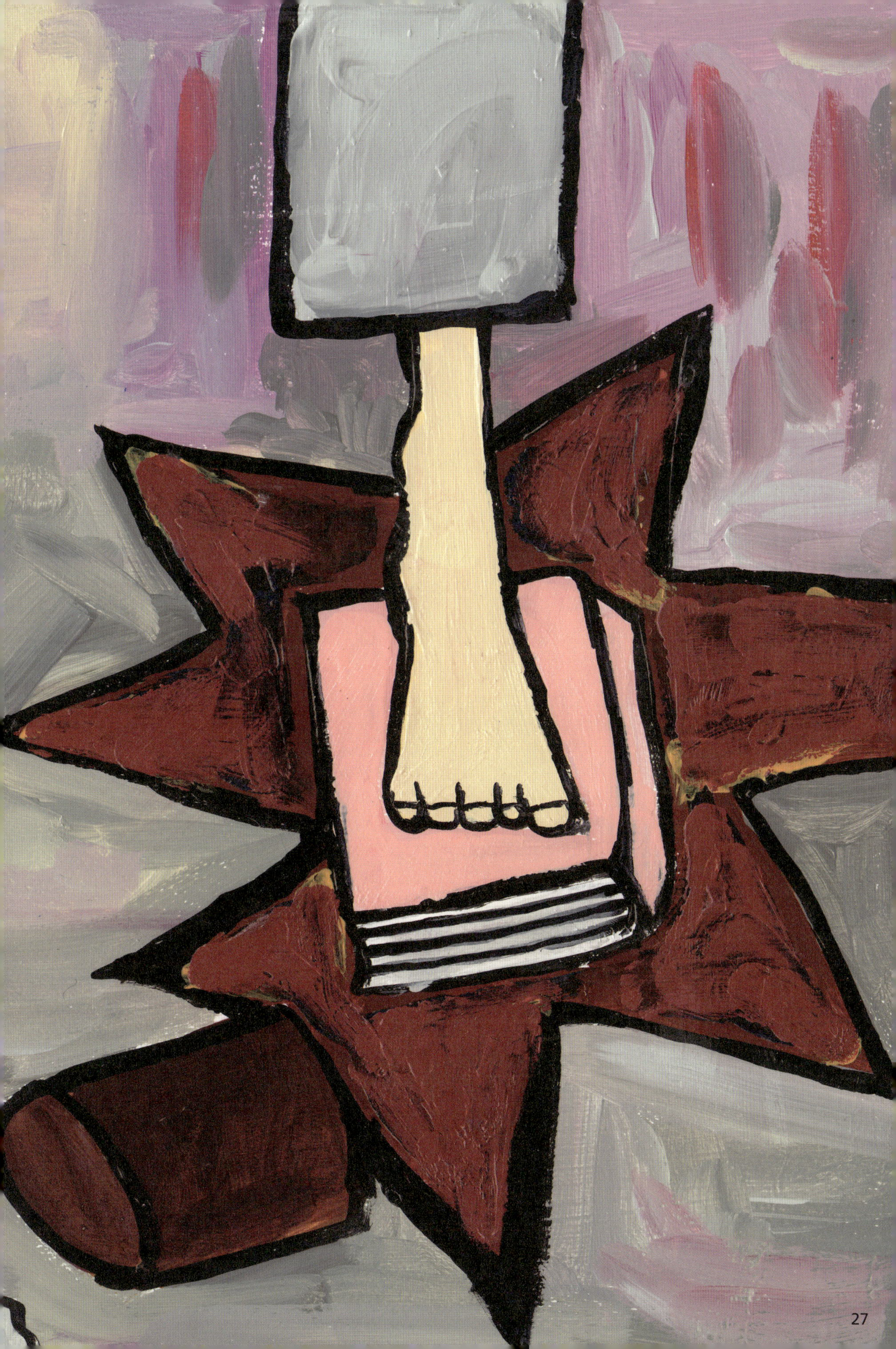

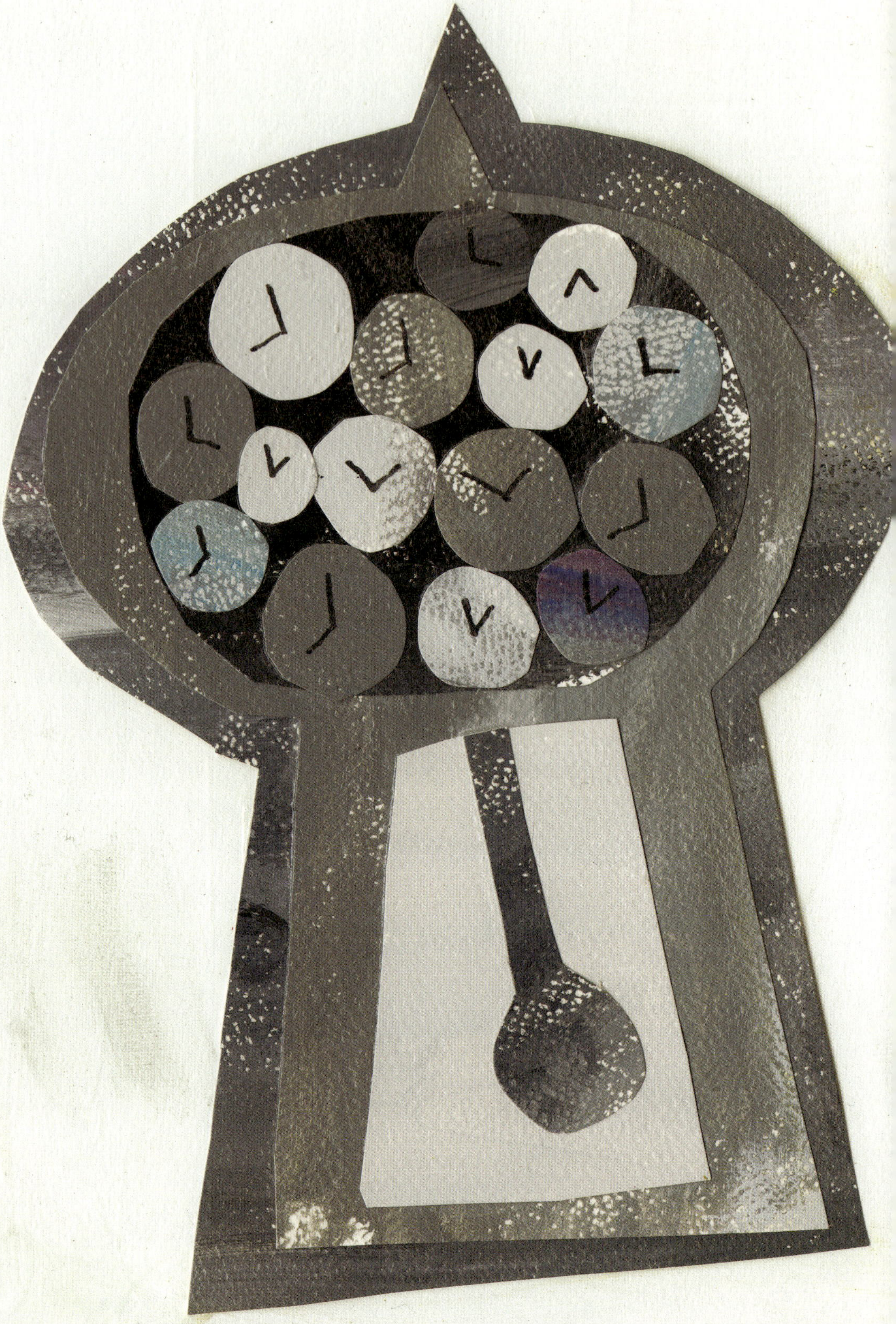

だれともしゃべらなくなって
しばらくたった

今日は

いつかな？

今日はいつかな…
外をみた
まぶしい

ドアの向こうで声がした
「ばあちゃん来たよ
ミクの好きな巻き寿司あるよ」
「ママもパパも出かけていないよ」

なぜだか、からだが動いて、
そっとドアを開けた

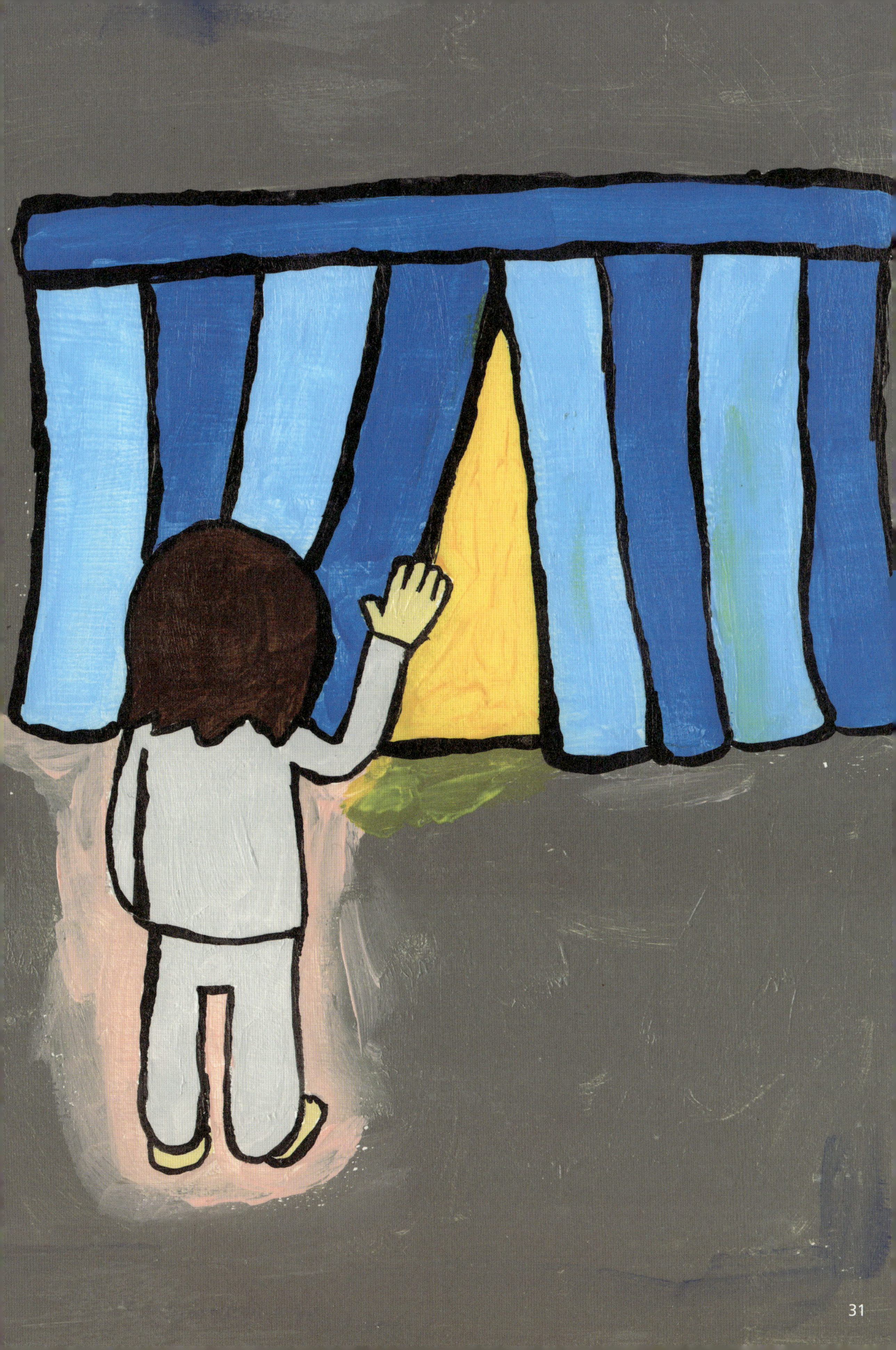

「ミク　ひさしぶりやね」
私もつられて笑った

ココロがコトリと
動き出した

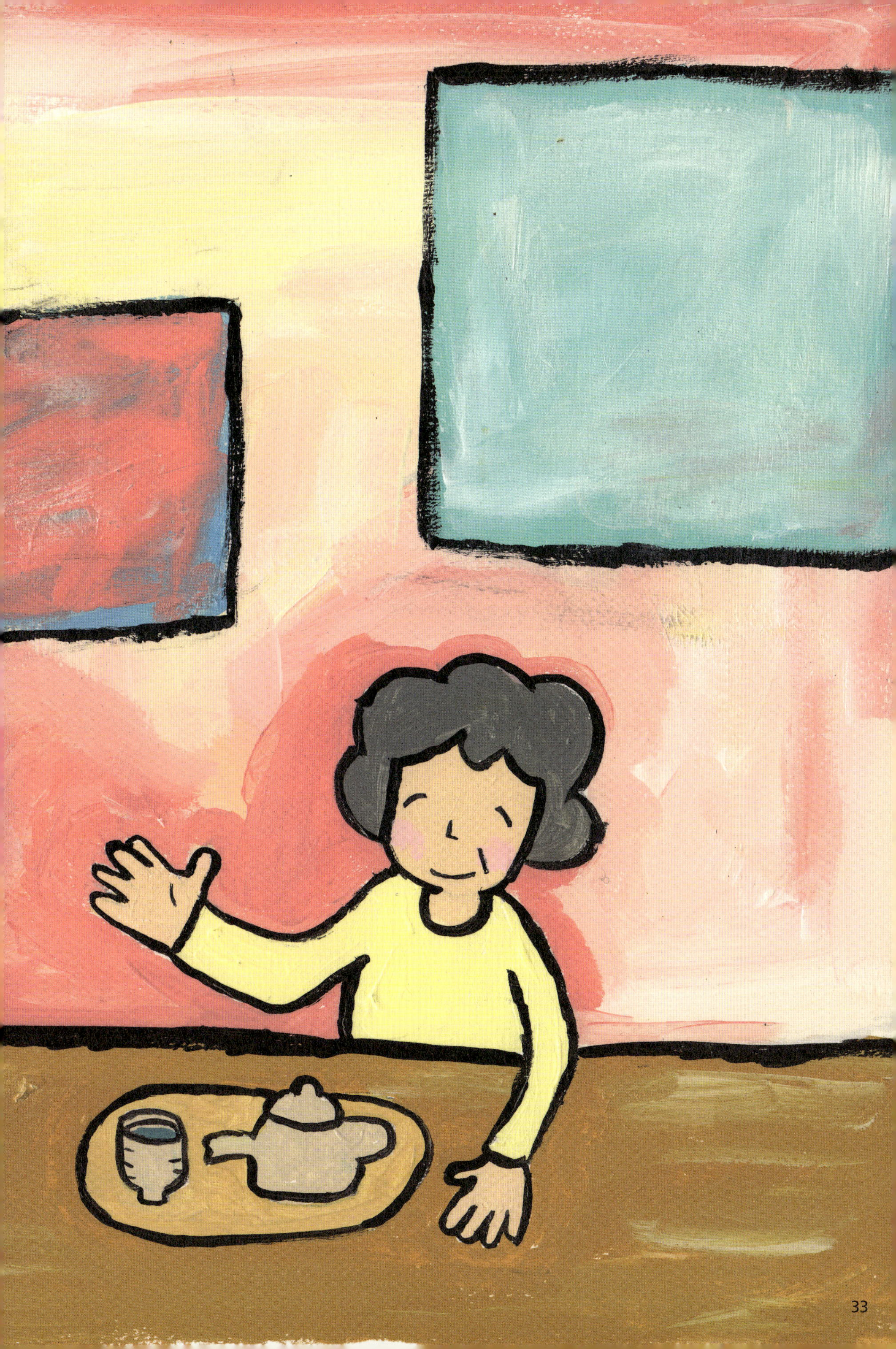

いつのまにか花が咲いている
そっと庭に出た
風がふわっとかみの毛をさわる
ママとパパが、帰ってきた
急いで部屋ににげた

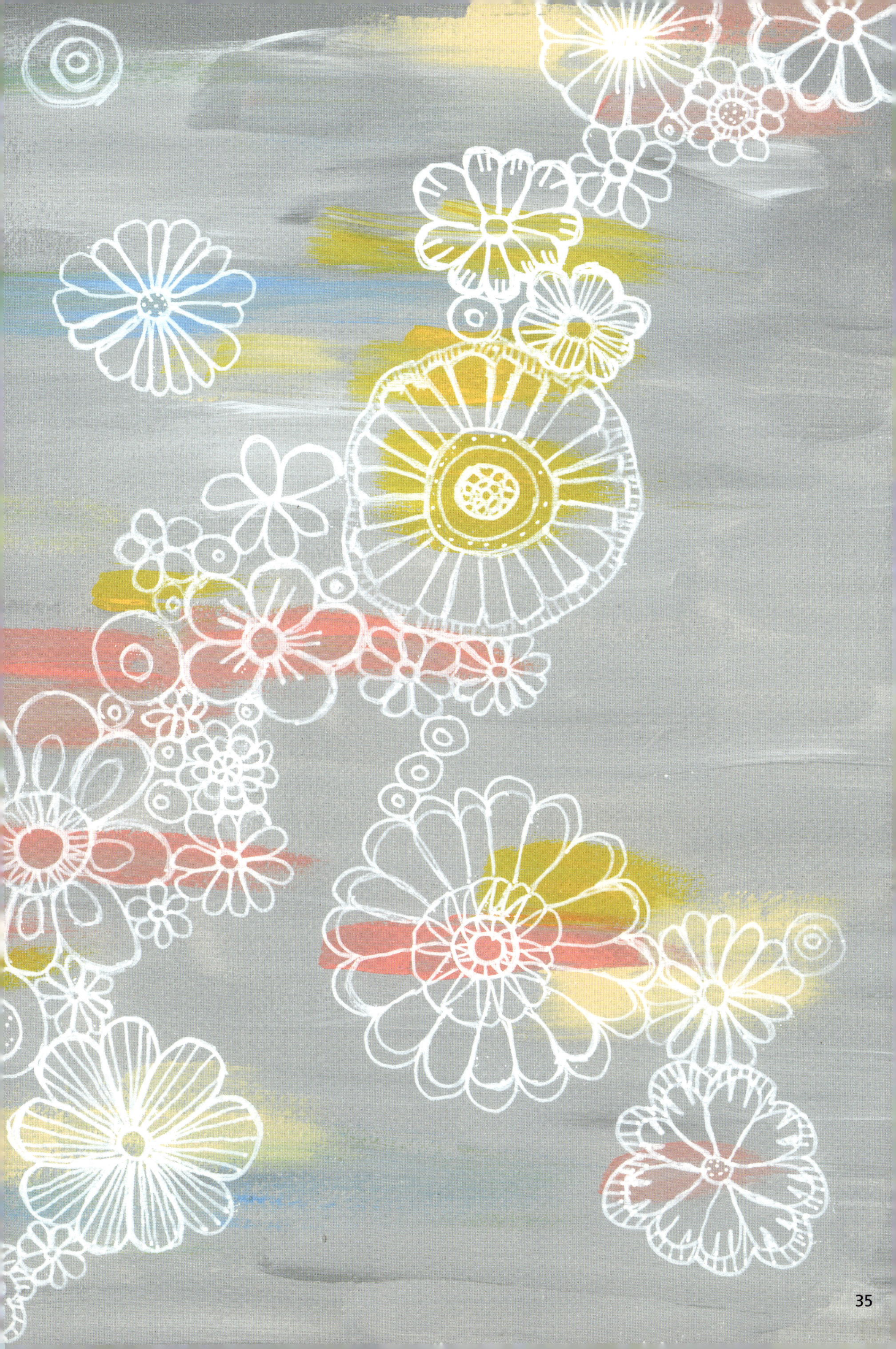

今日はいつかな…

リビングから歌が聞こえる
私(わたし)の好きな歌
そっとリビングにおりた
ママとパパがびっくりした顔で
私をみた
どうしよう…足が動(うご)かない

ママがやさしい声で
「テレビみる？」ってきいてくれた
私は「うん」と返事(へんじ)をした

ココロがコトンコトンと
動きはじめた

コトンコトンと動いた

そのつぎの夜

パパが

「ドライブに行こうか？」って言った

夜ならみんなに見られないし
だいじょうぶかも…
「行こうかな…マンガを買(か)いたいな」
ひさしぶりにマンガが読みたくなった

しばらくたってから
少しだけママと外を歩いた
ママとゆっくり話すのひさしぶり

「ミクがしんどい気持ちに
なっていることをわからなくてゴメンね」
「ミクの気持ちをわかりたくて
相談に行ったの」

私はびっくりして
足がとまった

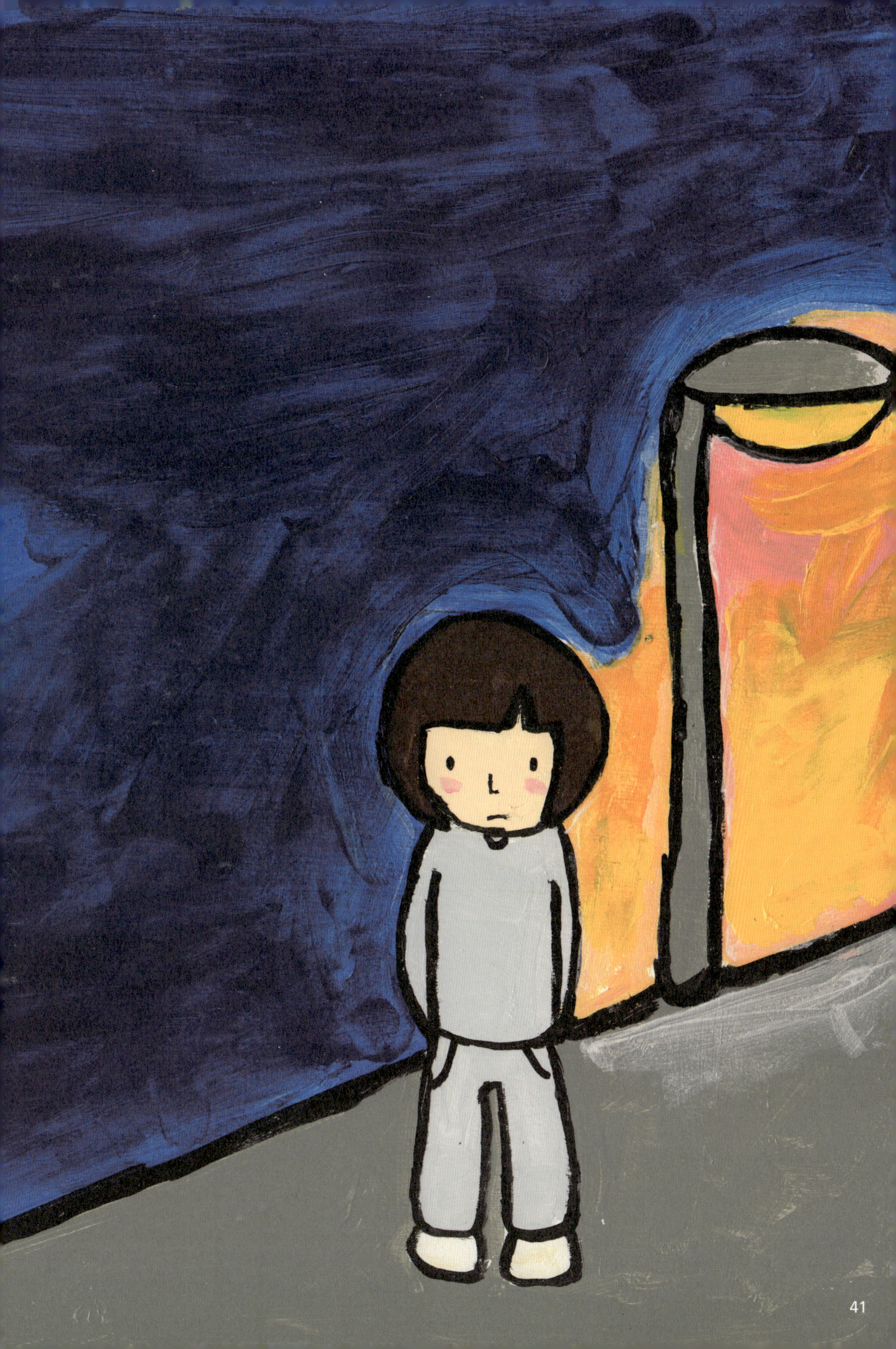

何か言おうとして
少し考えてみたけど……
うまく話せない

ママがやさしく言ってくれた
「ミクのココロはミクのたいせつなもの
ミクのペースでだいじょうぶよ
話をしてくれてありがとう」
私はホッとした

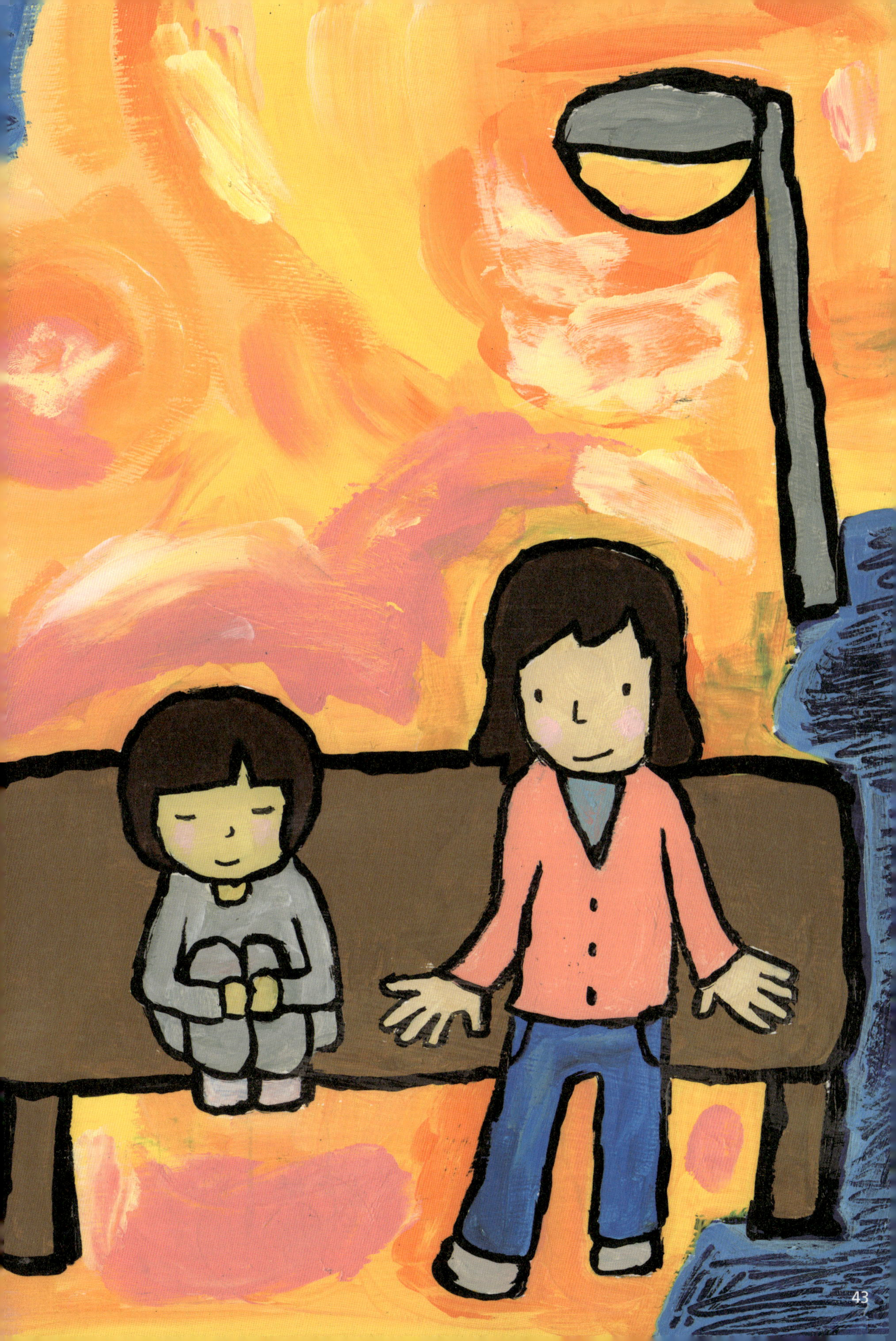

家に帰って

学校のプリントが目に入った

こわくない……あれ？

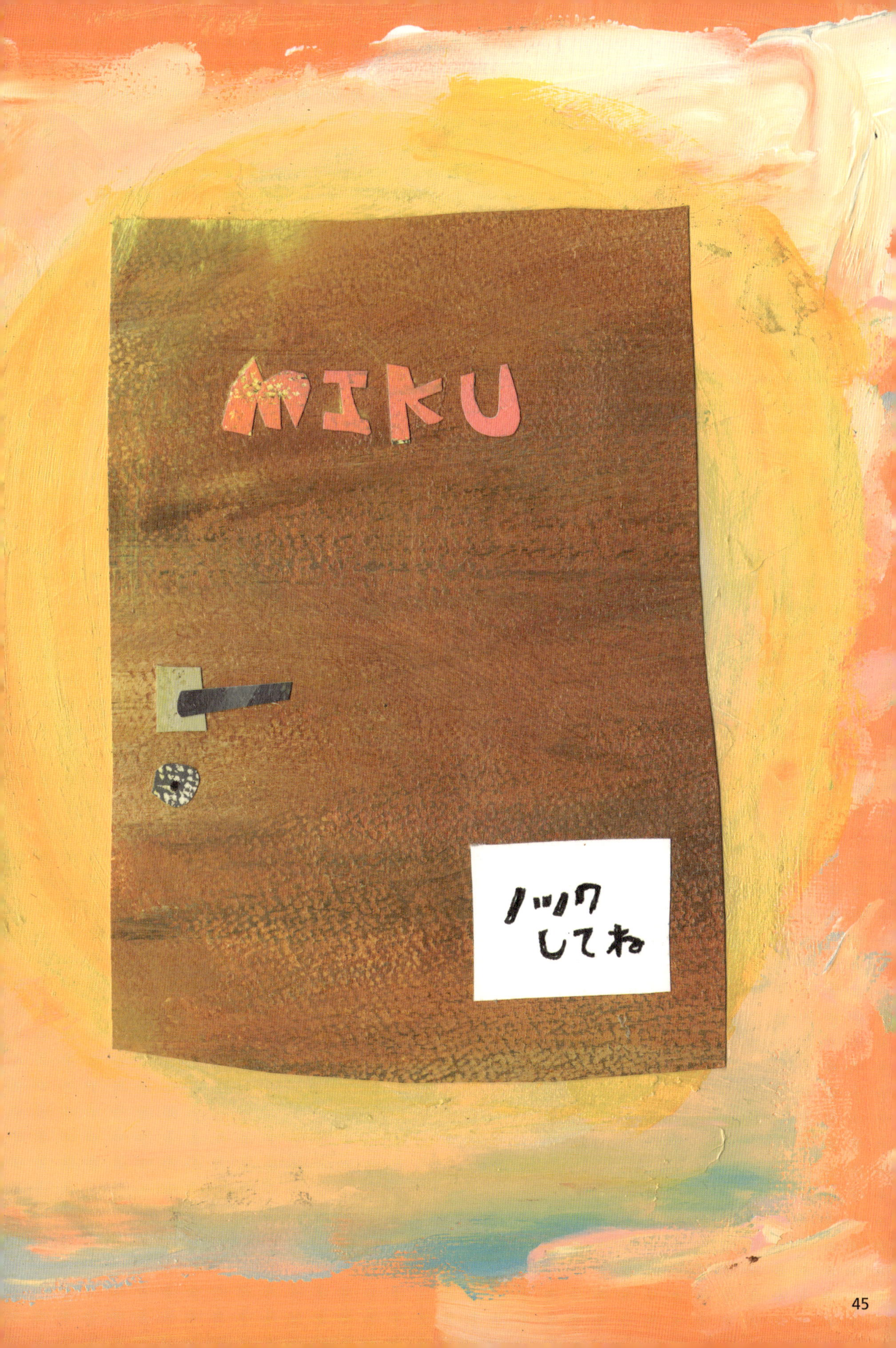
MIKU
ノック
してね

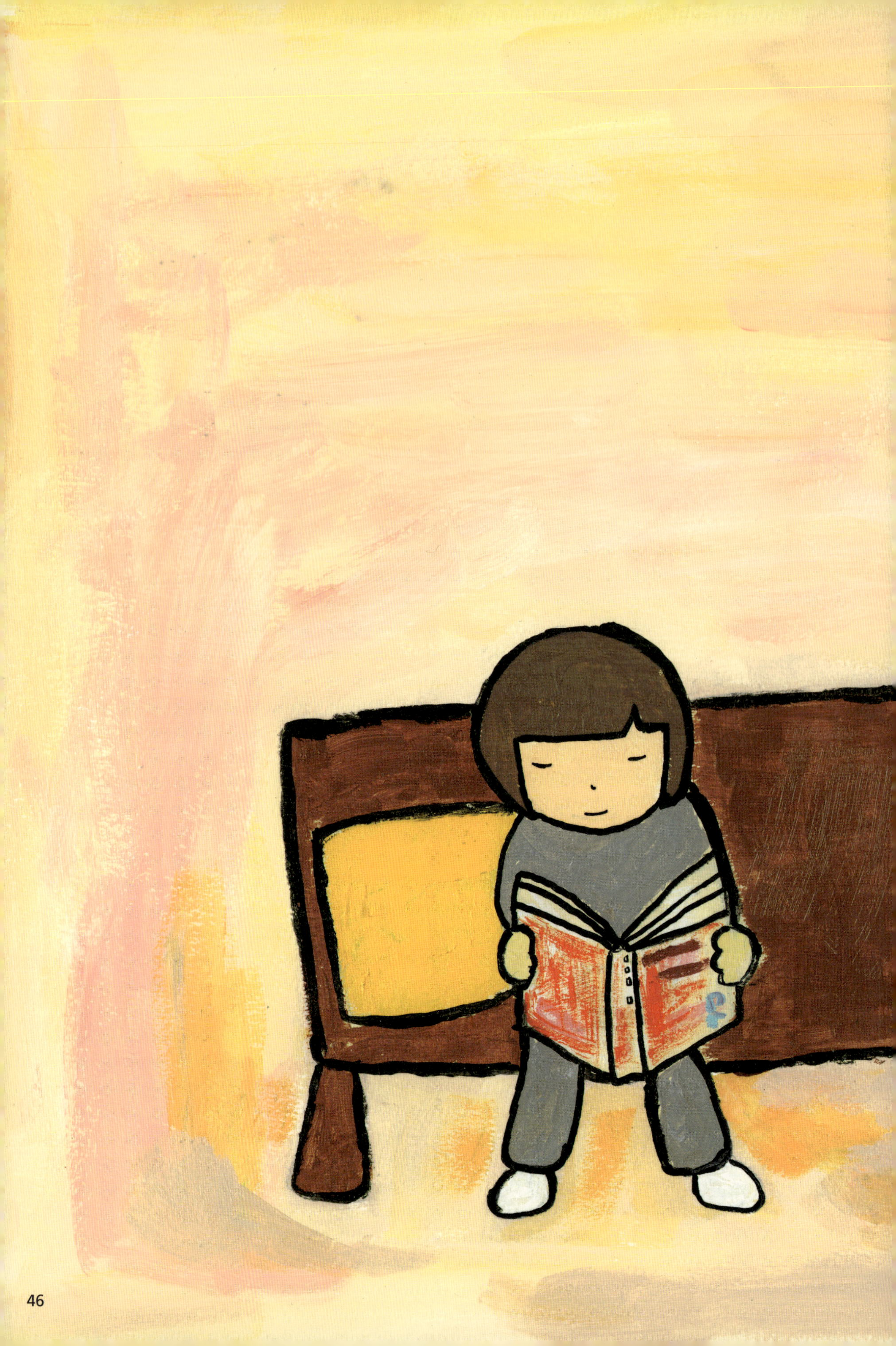

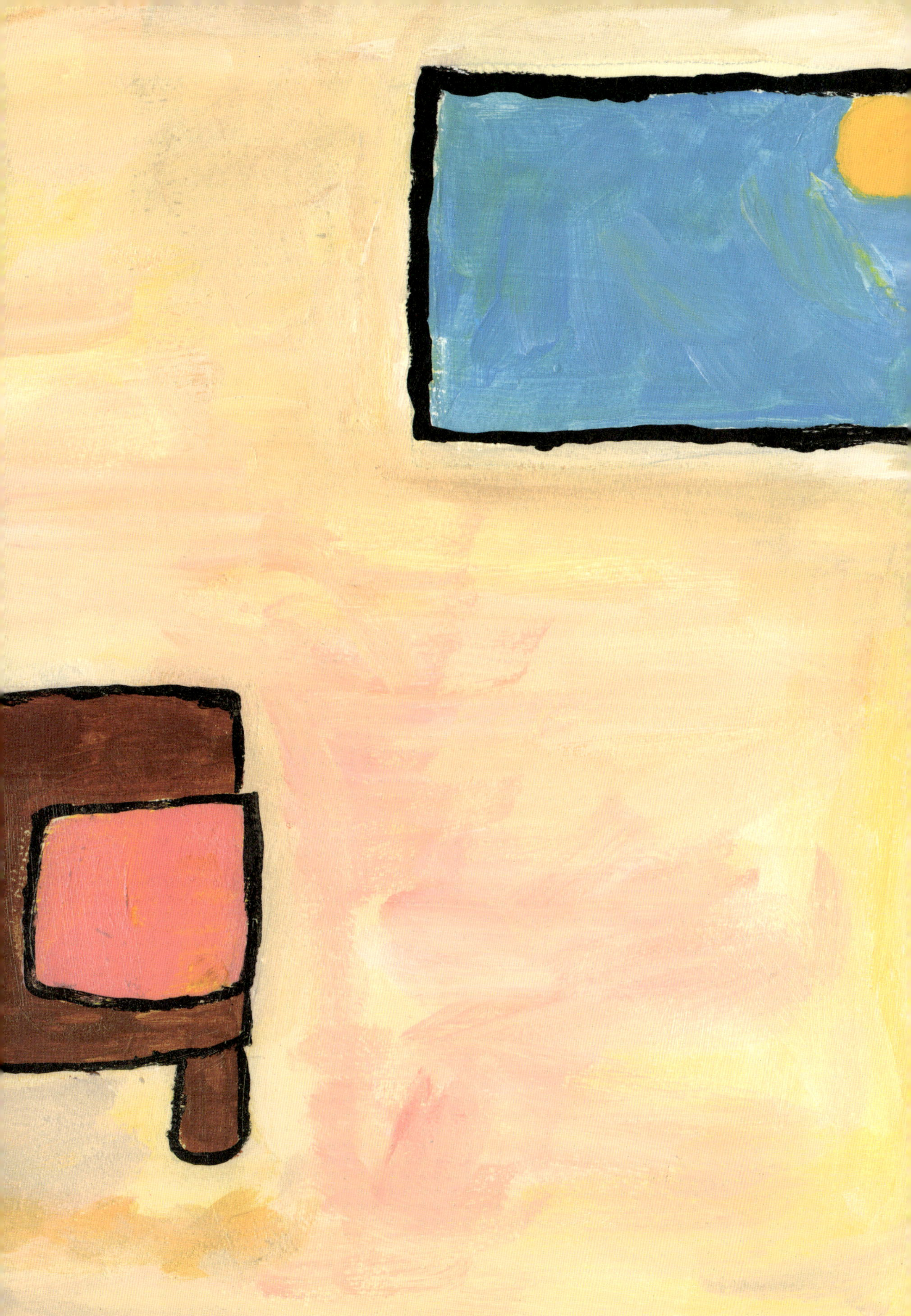

まだ出会ったことのないミクさんへ

この絵本を手にとってくれて、どうもありがとう。
どんな気持ちでしんどくなったり、イライラしたり、どんなことが好きだったり、どんなことを考えているのかなと思いながら、この絵本をかきました。
すべての気持ちをわかることはできないし、ひょっとしたらミクさん自身もわからないことがあるのかもしれないけど、だれかに話してもいいような気持ちになったときに、この絵本が少しでも役に立ったらうれしいです。
ミクさんのペースで大丈夫。ミクさんはミクさんで大丈夫——それを信じている大人、ミクさんの話をしんけんに聞いてくれる大人が、きっとどこかにいます。

ちあき

ミクの物語(ものがたり)について

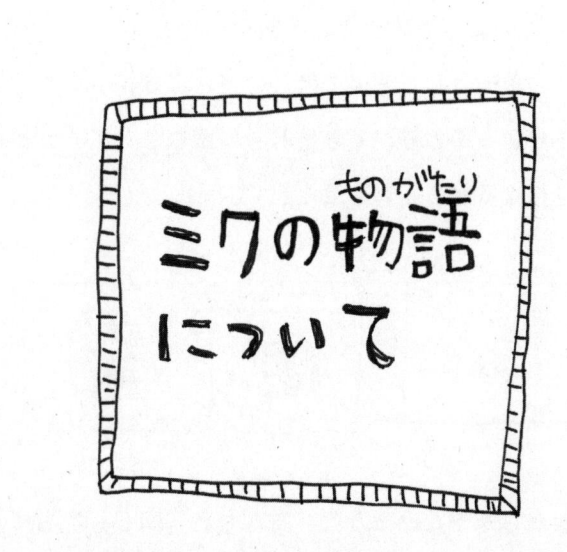

学校に行けなくなった主人公ミクが体験している世界や気持ちを知り、かかわりのヒントにしていただくための絵本です。

　子どもが体験している世界は、ひとりひとりちがうもの。そのひとつの物語を描きました。あてはまる部分、あてはまらない部分をふまえて、子どもや家庭の状況にあわせてご活用ください。

　子どもにこの絵本を読んでほしいと思ったときは、子どものタイミングやペースを大切にしてください──気がのらないようすのときには無理強いしません。たとえばミクが部屋にこもっている時期のように、そっとしておいてほしいときには、おすすめしません。ココロが少し元気になったとき、ふり返るゆとりができたときに読むことで、子どもの気づきや、コミュニケーションのきっかけになるかもしれません。

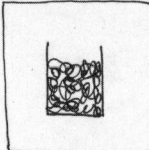

　ミクは、学校でみんなから浮かないように、友だちと「同じ」であるために、大変な気づかいをしていました。成長の過程のなかで、この年代の子どもにはよくみられることです。つねに緊張を強いられる学校生活。家庭でもけっして弱みを見せないようにがんばってきました。しかしその努力に疲れきっていました。

　学校に行けなくなった原因は、そのときはもちろん、あとからふり返ってみても、ミク自身にもはっきりとわかりません。原因はひとつに特定できるようなものではなく、いくつかのことが重なりあって、ココロの負担がつもりつもっていきました。そして、ちょっとした出来事をきっかけに、ミクは学校に行けなくなってしまいます。

学校を休みはじめたミク。それまでのココロの負担に加え、学校を休んだこと自体による傷つき、あせりや不安、罪悪感、自分への否定的な感情などをかかえています。学校を休んでいても気持ちは休まらず、とてもつらい時期です。お母さんの登校につながる働きかけには強く反発します。とうとうココロのトビラを閉じてしまいます。

　親が自分のことで言いあいをしたり、気をつかってはれ物にさわるように接してきたり、オロオロしたり…ミクはそんなようすにも敏感になっています。

「どうしてこんなことになったんだろう」「育て方がよくなかったの？」「休めば休むほど行きにくくなる、早く学校へ戻さないと…」ミクのお母さんは自分を責め、まわりからも責められるのではないかと感じ、傷ついています。お父さんもまた、ミクにどう接してよいのかわかりません。それぞれが傷つき、気持ちのすれ違いが大きくなり、悪循環になっています。

　ミクをなんとかしたいという想いがつのったお母さんは相談に行きます。第三者への相談は悪循環から抜け出すために大切なことです。家族だけでは気づきにくい新しい視点や、必要なケアの助言が得られることもあります。ココロの負担を和らげるような環境への配慮や、その子どもの状態にあわせた医療的な対応などが、有効な場合、必要な場合もあります。学校に行けなくなった背景を考えるにあたっては、犯人さがしをするのではなく、その子どものこれからにつながる視点で行います。

　ミクのお母さんは、責められずに話をきいてもらえたことで、少し安心します。自分自身が余裕がなくなっていたこと、ミクの学校のことで頭がいっぱいだったことに気がつきます。「こんな小さい家で一日中、見張っていたら、どっちもイライラしますよね」その気づきから、少しずつ自分の生活を取り戻すように心がけていきます。

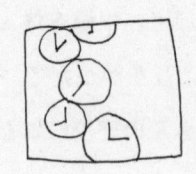

「今日はいつかな...？」

　疲れきったココロのエネルギーが充電されるために必要な時間は、ひとりひとりそれぞれちがいます。ミクは、自分でも気づかないうちに、少しずつココロが元気になっていきました。そんなタイミングで、おばあちゃんが訪ねてきます。また少しずつ社会との接点が生まれていきます。きっかけとなったおばあちゃんの訪問も、部屋にひきこもりはじめた時期であれば拒否したかもしれません。

　ココロがコトンコトンと動きはじめます。

　このときに大切なことは、やった！とばかりにたたみかけないこと。ミクは、立ち止まったり、また少しひきこもったり、ゆっくり自分の道を見つけていきます。学校に戻ることが唯一のゴールではありません。安心な居場所、人とのつながりの回復あるいは構築をサポートしながら、少し長い視点で応援していきます。——ミクが「私は大丈夫」と感じていきいきと生きていけるように。

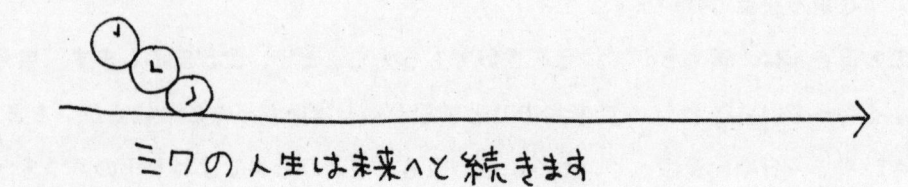

ミクの人生は未来へと続きます

● **相談先**
・学校の相談室、スクールカウンセラー　　・教育相談室
・児童家庭支援センター　　・児童相談所　　・精神保健福祉センター
・保健所　　・医療機関　　・親の会　　ほか

《こんなときは早めの相談を》
・眠れないや、食べられないが続く
・まわりに見られている、悪口を言われている気がしてこわい
・突然1人で笑い出したり、ひとり言がふえる
・自分を傷つけてしまう
・つらい体験が頭からはなれず生活に大きな影響がある
・暴力がある
・見守りで様子がかわらない、ひきこもって家族とも話をしない　など

● **情報サイト**
『こころもメンテしよう～若者を支えるメンタルヘルスサイト～』／厚生労働省
http://www.mhlw.go.jp/kokoro/youth/index.html

サイト内の「▶困ったときの相談先」から、全国のこころの相談窓口の情報、
「▶ストレスとこころ」から、代表的なこころの病気についての情報が得られます

● **子どものための電話**
『チャイルドライン』（18才以下の子ども専用）
0120-99-7777　　月曜日～土曜日　　午後4時～午後9時
＊栃木・埼玉・東京・山梨・愛知は日曜日もつながります。12/29～1/3はお休みです。

困っているとき、悩んでいるとき、嬉しいとき、なんとなく誰かと話したいとき、かけて
みてください。携帯電話や公衆電話からも電話代はかかりません。
チャイルドラインはみんなに4つのことを約束します。
　1、ひみつはまもるよ　　2、どんなことでも、いっしょに考えるよ
　3、名前は言わなくてもいいよ　　4、切りたいときには切っていいよ

2014年9月現在の情報です

そっとしておいてほしい

しんどい　　　　　　　自分でもわからない

決めつけないで
　　　　　　　　　　　　　　　　自分て何？
こわい　　　私だって考えてる

行きたいのに行けない
　　　　　　　　　　　　わかって…

行きたくない　　さびしい　　言えない

そのことは問題じゃないの　　私の中のイヤなこと

みんなにどんな風に　　消えたい
思われているんだろう
　　　　　　　　　ヤバイ

会いたくない
　　　　　　　自分がキライ　　眠れない

勉強のことが心配　　オロオロしないで

ミワの気持ち

どうなるの？
ちゃんと大人になれるの？

☆ 小さな安心を見つける ☆

ちょっと安心　　信じられる　　相談をつづける
自分の時間　　あせらない　　何気ない会話
物理的なキョリも大切
かかえこまないで　　行く行かないにとらわれない
楽しい時間を過ごす
家族の間で思いを言葉にする

わかりたい　　接しちがわからない
見守るってムズカシイ　不安　何が原因なの？
まわりに何て言おう
　　　　　　　　　　　　　　育てかたのせい…？
やっぱり学校に行ってほしい
相談できない　　毎朝のバトル

家族間の意見の
くいちがい　　　進路　　家族の気持ち
この先どうなるの？

プルスアルハ pulusualuha＋

心理教育ツールの制作と普及に取り組むプロジェクトチーム。2015年、NPO法人ぷるすあるは設立。著書に、家族のこころの病気を子どもに伝える絵本（全4巻、ゆまに書房）、子どものきもちを知る絵本（全3巻・ゆまに書房）、『生きる冒険地図』（学苑社）、『気づく・えらぶ・伝える こころとからだ コンディションカード』（合同出版）、『いろんなきもちあるある 22のメッセージ』（本の種出版）、『こころにケガをしたら―トラウマってなんだろう？』（ゆまに書房）。精神障がいをかかえた親と子どものためのサイト「子ども情報ステーション」を運営。2022年、第2回やなせたかし文化賞・大賞を受賞。

子ども情報ステーション
kidsinfost.net

細尾ちあき（ほそお・ちあき）
看護師　KIDsPOWER Supporter
1974年兵庫県生まれ
精神科病院、精神科診療所を経て、
2008年7月-2012年3月、
さいたま市こころの健康センターに勤務.
2012年4月-プルスアルハ

北野陽子（きたの・ようこ）
医師　精神保健指定医　KIDsPOWER Supporter
1976年長崎県生まれ
総合病院、小児病院、精神病院を経て、
2009年4月-2012年3月、
さいたま市こころの健康センターに勤務.
2012年4月-プルスアルハ

参考書籍：齊藤万比古＝編『不登校対応ガイドブック』（中山書店、2007年3月）

本文協力・監修＝齊藤万比古（さいとう・かずひこ）
1975年、千葉大学医学部卒業。1979年、国立国府台病院児童精神科。1999年、国立精神・神経センター国府台病院心理・指導部長。2003年、国立精神・神経センター精神保健研究所児童思春期精神保健部長。2006年、国立精神・神経センター国府台病院リハビリテーション部長。2008年、国立国際医療センター国府台病院第二病棟部長。2010年、独立行政法人国立国際医療研究センター国府台病院精神科部門診療部長。2013年、恩賜財団母子愛育会総合母子保健センター愛育病院小児精神保健科部長。

子どもの気持ちを知る絵本①
わたしのココロはわたしのもの
―不登校って言わないで―

2014年10月25日　第1版第1刷発行
2024年8月9日　　第1版第5刷発行

著者　　プルスアルハ
装丁　　大村麻紀子
発行者　鈴木一行
発行所　株式会社ゆまに書房　〒101-0047　東京都千代田区内神田2-7-6
　　　　tel. 03-5296-0491／fax. 03-5296-0493　https://www.yumani.co.jp

印刷・製本　株式会社シナノ

©pulusualuha 2014 Printed in Japan
ISBN978-4-8433-4601-3 C0311

落丁・乱丁本はお取り替えいたします。
定価はカバー・帯に表示してあります。
本書のコピー、スキャン、デジタル化などの無断複製を禁じます。